LIVRET

DE

L'EXPOSITION DU MUSÉE HISTORIQUE

DE 1848 ET 1851

OU

PROGRAMME EXPLICATIF

DES TABLEAUX

PAR ORDRE NUMÉRIQUE.

23-24 FÉVRIER, 15 MAI ET JUIN 1848,

ET DÉCEMBRE 1851.

PARIS

IMPRIMERIE ET LITHOGRAPHIE MAULDE ET RENOU
Rue de Rivoli, 114.

—

1855

LIVRET

DE

L'EXPOSITION DU MUSÉE HISTORIQUE

DE 1848 ET 1851

OU

PROGRAMME EXPLICATIF

DES TABLEAUX

PAR ORDRE NUMÉRIQUE.

23-24 FÉVRIER, 15 MAI ET JUIN 1848,
ET DÉCEMBRE 1851.

PARIS

IMPRIMERIE ET LITHOGRAPHIE DE MAULDE ET RENOU
Rue de Rivoli, 114.

1855

AVIS.

A la simple annonce d'une exposition de cette *galerie de tableaux historiques*, bien des personnes s'imagineront sans doute qu'on n'aura à leur présenter que des images imparfaites ou des lithographies plus ou moins bien coloriées; mais en jetant les yeux sur les certificats honorables et les comptes-rendus publiés par les journaux dont les extraits se trouvent placés à *la fin du Livret*, on reviendra facilement de cette erreur, et l'on ne craindra pas de venir juger par soi-même de la valeur réelle de cette série de 30 tableaux *tous originaux* et signés par des artistes d'un vrai talent, tels que MM. *Gabé, Compte-Calix, Ferrand, Lebaillif, Bidaud, Croneau* (Alphonse), peintre de la manufacture impériale de Sèvres, *élève de Paul Delaroche*, etc., etc.

Après les événements de 1848, et dans un moment où les travaux d'art étaient suspendus, un homme qui, par ses relations d'amitié et d'affaires (1), se trouvait en rapport journalier avec un grand nombre d'artistes, conçut la pensée de faire une bonne œuvre, en consacrant sa faible fortune déjà bien délabrée, à leur procurer de l'ouvrage, et en même temps une œuvre utile pour l'histoire du pays, en faisant reproduire instantanément sur la toile les principaux épisodes de *février, mai et juin 1848*, et ensuite ceux de 1851.

S'entourant de renseignements puisés aux meilleures sources; ayant encore sous la main une grande partie des personnages qui y avaient figuré, soit comme acteurs, soit comme

---

(1) M. Renaudin, propriétaire de l'ancienne collection de mannequins de M. Huot.

témoins; cette œuvre consciencieuse et vraiment artistique, fut accomplie avec tous les soins possibles.

Les personnages sont donc tous d'une vérité scrupuleuse, les uns sont venus poser dans l'atelier, les autres ont été reproduits sur portraits ou au daguerréotype, de même que les divers points de la capitale où les événements se sont passés; en sorte que, par la réalisation de son œuvre, M. Renaudin aura rendu à l'histoire de l'ancien Paris un double service, les changements survenus par suite de démolitions et des grands embellissements entrepris, ayant fait disparaître bon nombre de *places, de rues et de monuments* dont la trace pourra bientôt ne se retrouver peut-être que dans cette galerie de 30 tableaux que l'on peut à juste titre, appeler de l'*histoire prise sur le fait*, et qui pourra servir un jour de jalon pour des conceptions plus importantes.

Nous renvoyons de nouveau le lecteur aux extraits des divers journaux français et anglais placés à la fin du Livret; l'on verra quelle a été à cet égard leur opinion et celle des personnes qui ont honoré la galerie de leur présence, et parmi lesquelles on peut citer M. le *comte de Rambuteau*, ancien préfet de la Seine, S. Exc. M. le *maréchal de Castellane*, à Lyon, de vénérables ecclésiastiques, des magistrats, etc., etc.

Après sa visite au Musée historique, M. le *général Hecquet* daigna même, par la lettre suivante, témoigner à M. Renaudin toute la satisfaction qu'il avait éprouvée.

Marseille, le 27 décembre 1850.

Monsieur,

« J'avais l'intention de visiter encore une fois votre Musée « historique, j'en suis empêché par une absence que je vais « faire de Marseille.

« Je n'ai pas voulu partir sans vous exprimer la satisfaction « que m'a fait éprouver la vue de cette collection. L'esprit

« dans lequel votre entreprise a été conçue, les explications
« dont vous accompagnez cette exhibition, et qui ont pour
« but d'inspirer au peuple l'horreur des révolutions, en met-
« tant sous ses yeux le tableau fidèle des calamités qui en
« sont la conséquence inévitable ; la fidélité de vos récits
« qui égale celle de vos tableaux; le mérite artistique de plu-
« sieurs de ces esquisses; toutes ces choses font de votre Mu-
« sée une œuvre éminemment utile et digne de la protection
« de tous les amis de l'ordre et du pays.

« Recevez, Monsieur, mes salutations.

« Le général de division commandant la 7ᵉ division mili-
« taire,

« *Signé* : HECQUET. »

TABLEAUX.

1ᵉʳ TABLEAU.
La nuit du 23 au 24 février 1848.

La chute du ministère Guizot avait été annoncée aux acclamations de toute la population. Paris avait pris un air de fête et la ville entière était illuminée, lorsqu'un coup de pistolet, tiré sur un chef de détachement militaire, posté au ministère des affaires étrangères, abattit son cheval. Au moment de sa chute, le commandant ordonna de *faire feu !* et l'exécution de cet ordre eut pour conséquence cinquante-deux blessés ou morts qui, sur toute la ligne des boulevards, sont bientôt portés au milieu des cris de désespoir succédant à une récente allégresse. (GABÉ.)

2ᵉ TABLEAU.
Prise du Château-d'Eau.

Des barricades avaient été élevées pendant la nuit, et le peuple était maître partout, sauf les points les plus rapprochés des Tuileries ; un engagement des plus meurtriers eut lieu au poste du Château-d'Eau, place du Palais-Royal, qui fut enlevé après la plus vive résistance. Le feu fut bientôt mis à ce monument, et près d'un demi-bataillon fut englouti sous ses décombres que les flammes dévoraient ; quelques uns eurent le bonheur d'être sauvés, grâce au dévouement de citoyens généreux. (A. FERRAN.)

3ᵉ TABLEAU.

Trait de dévouement d'une jeune fille.

La générosité dans le cœur des femmes va souvent jusqu'à l'abnégation d'elles-mêmes ; ce tableau nous en fournit la preuve la plus irrécusable.

Un détachement de gardes municipaux s'était retranché dans le poste de la place de la Concorde, mais il ne put résister au flot populaire qui l'envahissait de toutes parts ; déjà, tous ses camarades étaient blessés ou mourants, lui, *Fabre*, allait subir le même sort, lorsque, par une heureuse inspiration, une jeune fille du peuple s'élance au-devant des hommes armés, et leur crie de toute la force de ses poumons : *Arrêtez ! c'est mon père !* Cet heureux mensonge, dit avec l'accent de la vérité et parti d'un cœur noble et généreux, fit relever les armes. Fabre fut laissé libre : il est aujourd'hui marié avec sa libératrice, laquelle a été décorée pour ce trait de dévouement. Fabre, qui est un brave et ancien militaire, quoique encore jeune, a repris du service et est aujourd'hui dans la 18ᵉ légion de gendarmerie.

(LEBAILLIF.)

4ᵉ TABLEAU.

Départ de Louis-Philippe.

Le Roi est près de la voiture, au premier plan avec la Reine. Le duc de Montpensier, leur fils, leur fait ses adieux. M. Crémieux est derrière le jeune prince, et un officier-général derrière lui ; un officier, adjudant-major de cuirassiers, est à cheval et accompagne le Roi et la Reine, qui montent bientôt dans une voiture que le médecin du Roi avait mise à leur disposition.

(BIDEAU.)

1. Louis-Philippe. — 2. La Reine. — 3. Le duc de Montpensier. — 4. Crémieux. — 5. Général escortant le Roi.

5ᵉ TABLEAU.

Le peuple dans la salle du trône.

A peine le Roi et sa famille avaient-ils quitté le palais, que le peuple s'en rendit maître : la salle du trône est bientôt envahie. — Taupin, chiffonnier de la rue Saint-Victor, est assis sur les degrés du trône, tandis que Trubert, maçon, est installé dedans, un verre à la main. Un homme placé près de lui, avait cassé avec une arme ancienne, qu'il tient de la main gauche, le goulot d'une bouteille de champagne : Trubert s'écria aussitôt : « ne veux pas boire du vin dans lequel il y ait du verre, qu'on me donne du bordeaux ; » et en effet, il est immédiatement servi, et en se rasseyant sur le trône dont le siége était élastique, il dit : « Comme on s'enfonce là dedans ! »

6ᵉ TABLEAU.

Le peuple sortant des cuisines royales.

Sorti de la salle du trône, le peuple se transporte dans les cuisines royales ; les caves n'ont pas été oubliées, chacun porte en trophée une partie du festin destiné un moment avant aux bouches princières ; un rétameur de cuillers et fourchettes avancé sur le premier plan, porte de la main droite un carré de mouton, et le bras levé en l'air, crie : Vive la réforme !
Mais il a de caché à la partie bosseuse de la ceinture, et entre la chemise et la chair, un plat d'or, marqué au chiffre royal... c'était un voleur ! Au dernier plan à gauche, un homme monte le cheval d'un général qui devait escorter le Roi. (LEBAILLIF.)

7ᵉ TABLEAU.

Dernière séance de la Chambre des Députés.

La duchesse d'Orléans vient présenter son fils, le comte de Paris, à l'Assemblée, et demande que ses droits au trône soient conservés. Une voix partie de la gauche lui répond : *Il est trop tard !...* En effet, quelques instants après, le peuple allait sur la place de la Bastille faire un autodafé du trône royal. Sur le premier plan, la duchesse d'Orléans, tenant de la main gauche le comte de Paris, de la main droite le petit duc de Chartres, derrière ce groupe, vêtu de noir M. de Nemours, et après lui le maréchal Molitor, gouverneur des Invalides. A la gauche du comte de Paris, un aide-de-camp, détournant le fusil d'un homme en bras de chemise qui voulait tirer sur le duc de Nemours. Un homme vêtu de bleu, et la giberne sur l'estomac, retient de la main gauche un autre homme qui brandissait un sabre, tandis que de la main droite, il appuie fortement sur la crosse du fusil de celui qui voulait frapper le duc de Nemours, afin de relever le coup. Derrière ce groupe, et sur les degrés de la tribune, MM. de Lamartine et Dufaure, entre leurs deux épaules, M. Crémieux. Au dernier plan, un homme qui couche en joue M. Sauzet, président ; entre tous deux, un officier qui relève le fusil au moment où le coup allait partir. En dessous, et à la tribune, M. de Larochejacquelein. Le petit prince, effrayé du coup de feu, se cache sous le fauteuil, où Leytmann le retrouve, et le conduit chez Madame de Montesquiou. (GABÉ.)

1. Duchesse d'Orléans. — 2. Duc de Nemours. — 3. Comte de Paris. — 4. Duc de Chartres. — 5. Officier d'Ordonnance. — 6. Odilon-Barot. — 7, De Larochejacquelein. — 8. Sauzet, Président. — 9. Dufaure. — 10. Lamartine. — 11. Crémieux. 12. Leytmann, huissier de la Chambre.

8ᵉ TABLEAU.

Le peuple faisant justice.

Le vrai peuple peut quelquefois, poussé par la colère, se livrer à la dévastation ; mais il a le vol en horreur, et sa justice est prompte lorsqu'il faut punir les pillards qui, subrepticement, se glissent dans ses rangs. Un homme est étendu à terre.... C'est le rétameur du tableau nº 6, qui a volé le plat d'or ; un autre tombe frappé par la justice populaire ; c'est celui qui a volé la cassette du général Jacqueminot, cassette qui contenait des valeurs considérables et qui a été rapportée à l'Hôtel-de-Ville. Entre les hommes armés et ces deux larrons, se trouve un jeune homme, artiste peintre, qui d'une main, tient un fusil, et de l'autre cherche à empêcher cette exécution, disant qu'il valait mieux les livrer à la justice. Cet artiste faillit être victime de sa générosité ; car on le menaça de le fusiller lui-même, en lui disant, qu'il s'entendait avec ces deux voleurs ; s'étant fait reconnaître, il n'en a rien été, mais l'exécution des deux fripons a eu lieu.   (GABÉ.)

9ᵉ TABLEAU.

Le peuple saluant le Christ.

M. Rémond, élève distingué de l'école Polytechnique, accompagne à Saint-Roch un christ d'une grande valeur qui était à la chapelle des Tuileries, et sur son passage, le fait saluer par le peuple, en lui disant ces belles et historiques paroles : « Saluez ! c'est notre maître à tous ! » Un homme du peuple porte le christ. A la gauche de l'élève de l'école, M. Allain, qui, plus tard, fut nommé commissaire-préfet dans les Ardennes,
                    (GABÉ.)

10ᵉ TABLEAU.

Mᵐᵉ de Lamartine à l'Hôtel-de-Ville.

Madame de Lamartine prend sous son patronage les orphelins des victimes de février, et les conduit à l'Hôtel-de-Ville près du gouvernement provisoire. Derrière madame de Lamartine, et l'accompagnant, M. l'abbé Roux; à côté et avec sa toge de juge, M. Bourget, président du tribunal de commerce. Une sœur, portant un enfant, dont le père était mort, et qu'on avait trouvé dans une mansarde; cet enfant était enfermé depuis vingt-quatre heures, d'après les renseignements des voisins, et conséquemment privé de nourriture, car la mère était à la recherche du cadavre de son mari. A droite et au bas du tableau, un garde national portant le drapeau tricolore, et un homme à figure rébarbative, mais aussi bon que le contraste de sa figure l'annonce peu. On l'a, par sobriquet, surnommé Mouton.

(COMPTE-CALIX.)

11ᵉ TABLEAU.

Débarquement de Louis-Philippe en Angleterre.

Louis-Philippe, ne pouvant rasssembler les membres de sa famille, qui, tous ont été contraints de fuir par des routes diverses, se voit forcé d'abandonner la France avec la Reine, pour habiter l'Angleterre. Il débarque à Newhawen; derrière la Reine qui est montée la première et donne la main au Roi, se trouve un gros homme, Smith, interprète d'hôtel, qui vient offrir au Roi, sans savoir qui il est, une carte pour l'hôtel auquel il appartient, et devant cet homme, un petit espiègle qui fait la même offre.

(GABÉ.)

12ᵉ TABLEAU.

Le Drapeau tricolore.

L'histoire, dans son impartialité, consacrera une belle page à M. de Lamartine, alors qu'en face d'une multitude compacte, et entouré de dangers toujours croissants, il sut les affronter en prononçant ces belles et surtout ces mémorables paroles :

« Citoyens, dit Lamartine, pour ma part je n'accepterai jamais le drapeau rouge, et je vais vous dire, dans un seul mot, pourquoi je m'y oppose de toutes les forces de mon patriotisme :

« C'est que le drapeau tricolore, citoyens, a fait le tour du monde avec la République et l'Empire, avec nos gloires, nos conquêtes et nos libertés!... et que le drapeau rouge n'a fait que le tour du Champ-de-Mars, traîné dans des flots de sang du peuple. » (Gouvernement provisoire qui l'entoure.)   (GABÉ.)

1. Lamartine. — 2. Simon le Charron. — Louis Blanc. — 4. Marie. — 5. Ledru-Rollin. — 6. Garnier-Pagès. — 7. Pagnière. — 8. Armand Marrast. — 10. Dupont de l'Eure. — 11. Flocon. — 12. Crémieux. — 13. L'Artiste peintre.

13ᵉ TABLEAU.

Envahissement de l'Assemblée nationale.

Le 15 mai, de nombreuses colonnes, à la tête desquelles se trouvent Raspail, Blanqui, Hubert, passent aux abords du palais de l'Assemblée nationale ; elles l'envahissent malgré les efforts faits pour les arrêter. Après Raspail voulant donner lecture de la pétition polonaise, Hubert s'élance à la tribune et proclame la dissolution de l'Assemblée.

1. Barbès. — 2. Raspail. — 3. Hubert. — 4. Sobrier. —

— 14 —

5. Louis Blanc.—6. Buchez, Président. — 7. Capitaine Laviron. — 8. Blanqui. —9. Dégrès le Pompier. — 10. Thoré. — 11. Hervé. —12. L'Artiste peintre.

14ᵉ TABLEAU.

La Sœur Sainte-Rosalie.

C'est encore là où le génie de l'humanité se montre si grandiose dans le cœur d'une femme, femme simple et pleine d'abnégation, sacrifiant sa vie pour sauver celle de ses semblables; il n'est dû qu'à ce sexe d'enfanter des prodiges de ce genre, soutenu par cette religion, à laquelle les plus belles actions ont dû d'heureuses efficacités dans ces temps de cataclysme et de tourmente populaire. En effet, ce premier épisode de la déplorable insurrection de juin nous montre la sœur Sainte-Rosalie pleine de l'oubli de sa propre conservation. Huit gardes mobiles étaient de garde dans cette maison de charité où la souffrance vient trouver du soulagement, où le pauvre vient chercher de quoi nourrir sa famille et vêtir ses enfants. Les gardes mobiles sont bientôt assaillis par une troupe d'hommes armés qui oublient un instant le respect dû à ce saint lieu. La fusillade commence; quatre de ces infortunés mobiles tombent frappés de mort; deux sont grièvement blessés; un, celui qui est couché à terre, n'a pu franchir le seuil de la porte; l'autre, qui est repoussé par une des sœurs, veut encore se défendre de la main gauche; les deux survivants se sont réfugiés dans cette maison de paix et de prières... Un équarrisseur du faubourg Saint-Jacques, où se passe cette scène, semble commander le groupe armé qui le suit : il s'avance vers la sœur Sainte-Rosalie, lui intime l'ordre de livrer les gardes mobiles, et du sabre et du poing la menace elle-même... C'est alors que, puisant toutes ses forces dans cette sainte charité qui l'anime, elle répond d'une voix ferme et accentuée : « Je ne vous crains pas!... je ne crains que Dieu!...» Sublimes paroles, et qui, si noblement dites, ont pu arrêter la fureur de ces hommes ; car aussitôt les fusils se relevèrent, l'équarrisseur lui-même revint à des sentiments plus doux ; une seule femme, génie de méchanceté et de mal, qui vendait de l'eau-de-vie aux insurgés, donnait le conseil à un homme de tirer sur les malheureux blessés.

15e TABLEAU.

Le Curé de Sainte-Marguerite.

Autre exemple d'abnégation de soi-même. Le vénérable abbé Haumet, curé de Sainte-Marguerite, lui aussi, est allé sur les barricades, à l'exemple de l'infortuné archevêque de Paris...; mais, plus heureux, il en est sorti sain et sauf. L'abbé Haumet donne ici des soins et des paroles de consolation à un blessé qui, sachant que la garde mobile ne s'était pas ralliée aux insurgés, jurait contre elle et la maudissait. C'est alors que l'abbé lui dit ces paroles qui doivent rester éternelles : « Dieu a dit : Aimons-nous et pardonnons-nous les uns les autres. »

Au premier plan à droite, et couché à terre, le propriétaire du magasin de mérinos, qui s'était déguisé en ouvrier pour se mêler à l'insurrection et monter sur les barricades; sa fille s'aperçoit par une fenêtre qu'il vient d'être frappé d'un coup mortel, et elle descend recevoir son dernier soupir ; elle était en robe de soie gorge-pigeon. (GABÉ.)

16e TABLEAU.

L'Archevêque chez le général Cavaignac.

L'archevêque, ce vénérable prélat, vient, au péril de ses jours, offrir au général Cavaignac d'aller s'interposer sur les barricades entre les deux partis, et d'y porter la branche d'olivier, symbole de paix et de conciliation ; le général lui représente les dangers qu'il avait à courir. Mgr Affre insiste avec cette persistance qui n'appartient qu'à l'homme de Dieu. Le petit Prosper Tautin, jeune garde mobile qui se tient dans le coin de la porte, ayant entendu la conversation, dit au digne prélat : « Eh bien! Monseigneur, si vous tenez à aller aux barricades, je vous y suivrai toujours à vos côtés, et si je vois que l'on tire sur vous, je me mettrai devant.» (Gabé.)

L'archevêque.—Le général Cavaignac en burnous.—Le ministre de l'intérieur. — Le lieutenant-colonel du 6e dragon — M. de Froissez, chef d'état-major, assis à la table.

17e TABLEAU.

L'Archevêque aux barricades.

A peine le prélat est-il monté sur la barricade, qu'une balle vient l'atteindre dans les reins et lui briser l'épine dorsale ; il tombe entre les bras de deux vicaires généraux qui l'avaient accompagné ; son valet de chambre est derrière et porte sa pelisse ; on l'assied bientôt sur une caisse qui contenait des munitions, en attendant les secours que Prosper Tautin était allé chercher à l'hospice des Quinze-Vingt. (Gabé.)

18e TABLEAU.

L'Archevêque donnant sa croix.

Le jeune garde mobile Prosper Tautin, comme nous l'avons déjà dit, était allé chercher du secours à travers les dangers sans nombre qui venaient l'assaillir ; il est bientôt suivi d'une sœur faisant porter un brancard garni de matelas, où l'on dépose cette noble victime de la guerre civile; deux prêtres sont à ses côtés. L'archevêque fait approcher Prosper Tautin, qui, respectueusement, met un genou en terre; Monseigneur détache sa croix et la donne à Prosper, qui, étonné de tant de bonté, la reçoit en tremblant; six heures plus tard, il était décoré par le général Cavaignac de l'insigne de la Légion-d'Honneur. (LEBAILLIF.)

19ᵉ TABLEAU.

Vue intérieure d'une chambre d'insurgés au faubourg Saint-Antoine, au coin de la rue de Charenton et de la place de la Bastille.

C'est de cette chambre qu'on suppose que l'archevêque a été frappé. — Une femme fondait dans une casserole de fer battu du plomb pour en faire des balles; elle reçoit par le trou qui se trouve dans la muraille une balle qu l'atteint dans la fourchette du col; elle va tomber dans une encoignure après avoir renversé les objets qui se trouvaient sous ses pas, et dans cette position elle fait des efforts pour rendre la balle; mais elle ne rejeta que l'eau rougie avec laquelle elle s'était désaltérée (1). Son mari a été aussi frappé d'une autre balle qui, glissant dans le matelas, l'a atteint en pleine poitrine au moment où il allait faire feu.

L'homme qui fait feu par la fenêtre est celui qu'on suppose avoir tiré sur l'archevêque. — Un boulet est entré par le trou pratiqué déjà par d'autres projectiles, a été fracasser la commode, casser le marbre dont les débris ont brisé le miroir qui est au dessus. Le boulet

---

(1) L'auteur présumé de la mort de l'archevêque est resté longtemps inconnu; mais la justice divine avait conservé les jours de cette femme qui, à l'article de la mort, en 1853, a déclaré que c'était bien de cette chambre que le coup était parti, et le coupable a été condamné à la déportation.

ayant senti de la résistance dans le gros mur, est ressorti en rebondissant ; il est venu se placer au milieu de la chambre ; la commotion, en revenant sur lui-même, a fait ouvrir seul le dernier tiroir du meuble. Tout le désordre existant dans cette chambre est constaté par le procès-verbal dressé par les autorités.

20e TABLEAU.

L'Archevêque recevant les sacrements.

De la place de la Bastille, l'archevêque est transporté dans le presbytère des Quinze-Vingt, où, sur l'avis des deux docteurs, qu'il n'avait que peu d'instants à vivre, le vénérable curé de cet hospice lui administre les saints sacrements. Après l'extraction de la balle, le chirurgien la dépose dans une fiole qui se trouve sur la table. Un artiste-peintre fait faire silence à tous les assistans qui voulaient connaître la position de l'archevêque.

21e TABLEAU.

L'Archevêque donnant sa bénédiction, à ses derniers instants.

Rapporté à l'archevêché, ce noble martyr de la charité chrétienne n'a dans le cœur et sur les lèvres que des consolations pour ceux qui l'entourent en disant : *« Le bon pasteur donne sa vie pour ses brebis, puisse mon sang être le dernier versé ! »*

Il donne l'ordre qu'on fasse entrer tous ceux qui étaient dans les salles voisines ; aussitôt chacun des soldats du 18e léger et de la garde mobile, avec un pieux et douloureux recueillement, viennent assister aux derniers instants de cette noble victime et recevoir sa bénédiction. Son vicaire-général fond en pleurs agenouillé près du lit ; derrière lui son secrétaire, et auprès son valet de chambre; quelques instants après Monseigneur expirait. On voit sur la table la fiole dans laquelle se trouvent la balle et le sang.

22ᵉ TABLEAU.

Mort du général de Bréa.

Daix, pauvre, appartenant à l'hospice de Bicêtre, couche en joue le général pour qu'il signe l'ordre que les troupes se rendent; sur le refus de ce digne oficier, Vappereau aîné le saisit, lui arrache son épaulette et le frappe au visage. — « Misérables! leur dit l'infortuné général de Bréa, tuez-moi, mais ne m'outragez pas! » Pendant ce temps, Larh menace le capitaine Mangin qui accompagnait le général, tandis que Chappart le menaçait aussi d'une hache. Au deuxième plan, à droite, et dans l'ombre, un homme en blouse dit au commandant Démaray qui avait pu se cacher derrière la table : « Ne bougez pas, je vous sauverai. » Mais un enfant qui, au milieu de la scène, se fait remarquer, vient dénoncer aux insurgés qu'on avait fait un trou dans le violon pour faire évader les parlementaires que l'on avait fait prisonniers. — Le capitaine Mangin, lui aussi, mourut de la mort des martyrs. Sous le banc où est assis le général Bréa, est un jeune garde mobile qui fut tué dans cette action. — Deux hommes furent sauvés; ce sont, le commandant Démaray, aujourd'hui lieutenant-colonel du 6ᵉ léger, et le capitaine Gobert, de la garde nationale. — Vappereau jeune fait sortir tout le monde du poste, voire même une femme qui faisait partie des insurgés, mais qui ne voulait pas que l'on tuât le général. C'est après cela que les coups de feu partirent des fenêtres et des portes, et que le général de Bréa et son aide-de-camp tombèrent.

23e TABLEAU.

Barricades de la Porte Saint-Denis.

Une jeune femme vêtue d'une ceinture aux couleurs éclatantes, monte sur le sommet de cette barricade en criant : « Vive la république démocratique et sociale ! » Elle tombe immédiatement frappée de trois balles ; elle tient à la main le drapeau qui devait lui servir de linceul ensanglanté. Une autre femme approvisionnait les insurgés de cartouches qu'elle avait dans un cabas ; c'est du peloton de droite des insurgés qu'a été tué le fils *Leclère*, si célèbre par l'héroïsme de son père, qui fut chercher son fils cadet pour venger la mort de son aîné. Plus bas, à gauche du spectateur, un peintre agenouillé donnant des soins à un blessé de ses amis.

24e TABLEAU.

Maison des Deux-Pierrots.

Prise du petit pont de l'Hôtel-Dieu, de ses barricades et des maisons qui servaient de retranchements aux insurgés. La troupe de ligne, aidée de la garde républicaine, fait des prodiges de valeur ; mais la position était difficile. Alors on prit le parti d'envelopper l'île de la rue Saint-Jacques et celle de la rue de la Huchette avec la rue de la Bucherie par un cordon de garde nationale pour empêcher toute communication avec les insurgés ; de cette manière on put s'en rendre maître ; mais ce ne fut encore que le lendemain à cinq heures et demie du soir, après avoir perdu plusieurs centaines de braves de l'armée.

25e TABLEAU.

Prise du Faubourg du Temple.

Cette position est sans contredit celle qui a été la

plus laborieuse pour la troupe; nul homme ne pouvait monter sur la passerelle sans être atteint et frappé de cinq à six balles; les militaires durent renoncer à la franchir; le feu était roulant de toutes les fenêtres dont les insurgés s'étaient rendus maîtres; alors on fit embusquer une pièce d'artillerie en face de la maison Lebon, épicier, au coin de la rue Fontaine-au-Roi et du faubourg du Temple, car les insurgés étaient possesseurs des ponts tournants du canal. La pièce d'artillerie lança des projectiles inflammables qui mirent le feu au quartier-général des insurgés, ce qui décida de l'action en faveur des troupes. Le drapeau rouge fut emporté d'assaut par le 48e de ligne.

26e TABLEAU.

Mort du général Négrier.

Négrier, que les Arabes appelaient aussi le sultan juste, trouva dans cette horrible guerre une mort prématurée. Lui, dont la précieuse vie eût pu être encore longtemps l'orgueil de la France, a été frappé à la tête et à la poitrine sur la place de la Bastille, en tête d'une colonne partie de l'Hôtel-de-Ville. Il tombe mortellement blessé dans les bras de son aide-de-camp. Plus loin, sur la gauche, le représentant Charbonel, frappé mortellement, est porté sur des fusils par des soldats. Nous devons à la vérité de dire, que le général Négrier, dans ce moment, n'était qu'en tunique et képi, mais pour l'histoire, le peintre a dû lui rendre dans le tableau son costume officiel, afin que l'on ne puisse le confondre avec un officier supérieur mais inférieur à son grade. Le général Perrot vint immédiatement remplacer le trop regrettable Négrier dont la mort sera longtemps encore un deuil pour la France.

DÉCEMBRE 1851

27ᵉ TABLEAU.

Dernière Séance de l'Assemblée nationale.

M. Baze, questeur, vient de faire sa proposition qui amène la dissolution de la Chambre, le 2 décembre.

Au pied de la tribune, le colonel Charras, à sa gauche, Lagrange, à sa droite, Victor Hugo et le général Bedeau.

Esquiros tournant le dos aux spectateurs faisant face, et formulant les projets de la réunion. A sa gauche, Baudin qui, le lendemain a été tué sur la barricade du faubourg Saint-Antoine.

Dans le couloir, à droite du président, Thiers causant avec le général Cavaignac.

A la tribune, Jules Favre et Crémieux, M. Baze voulant monter à la tribune pour faire sa proposition, Madier de Monjau.

Dupin aîné occupant le fauteuil de la présidence, à droite et à gauche, les secrétaires composant le bureau.

28ᵉ TABLEAU.

Prise de la barricade de la Porte Saint-Denis.

Une barricade est formée rues Saint-Denis et Thévenot avec des caisses vides enlevées à la manufacture de glaces dont les magasins se trouvaient à quelques pas de là.

Un officier de la ligne, monté sur cette barricade, intimait aux insurgés l'ordre de mettre bas les armes. Il lui fut répondu par une décharge de mousqueterie qui blessa ou tua plusieurs militaires.

C'est alors que la troupe riposta, et escaladant la barricade, mit les insurgés en fuite.

29ᵉ TABLEAU.

Enlèvement de la barricade du faubourg Saint-Antoine.

Une barricade avait été élevée aux coins des rues de Cotte et de Sainte-Marguerite, avec des charrettes dont les chevaux avaient été dételés et un omnibus renversé.

Le représentant Baudin, monté sur le flanc de cet omnibus, excitait par ses discours les ouvriers à venir défendre la barricade. L'insurgé en blouse grise, du milieu du tableau, vient de tirer sur la troupe de ligne un coup de fusil qui a tué le sergent du peloton en tête. La troupe riposte et le représentant Baudin est frappé de mort ainsi qu'une femme qui venait de chercher un seau d'eau à la fontaine.

NOTA.—Le spectateur tourne le dos à la barrière du Trône; on aperçoit dans le lointain la colonne de juillet sur la place de la Bastille.

30ᵉ TABLEAU.

Le prince Louis-Napoléon passant la revue aux Champs-Élysées.

Le Prince Louis-Napoléon, arrivant par la barrière de l'Étoile, passe la revue des troupes aux Champs-Elysées, et reçoit sur son passage les acclamations du peuple et de l'armée pour avoir sauvé la patrie.

Il est accompagné des généraux de Saint-Arnaud et Canrobert, des colonels Vaudrey et Fleury, et de plusieurs officiers-généraux de l'armée.

Croneau (Alphonse,)

Peintre de la manufacture impériale de Sèvres.

CERTIFICATS.

CABINET DU PRÉFET DE POLICE.

Le chef du cabinet de la préfecture de police a l'honneur de recommander à la bienveillance des autorités dans les départements qu'ils parcourront MM. Renaudin et David, qu'il connaît personnellement, et qu'il sait dignes, par leur qualité et leur caractère honorable, de la protection qu'ils pourraient avoir à réclamer dans le voyage qu'ils entreprennent pour l'exhibition des tableaux contenant la reproduction de la révolution de février.

Paris, 20 novembre 1848.

Le Chef du cabinet
Signé : **Patier**.

Le commissaire de police des délégations judiciaires recommande M. Renaudin aux autorités de Châlons et de Lyon; c'est un citoyen honorable qui a donné des preuves d'un esprit d'ordre, et que des pertes de commerce obligent à faire une exhibition de tableaux représentant des scènes de guerre civile.

Paris, le 11 juin 1850.

Signé : **Boudrot**.

Le commissaire de police de la section Hauteville croit devoir témoigner favorablement du bon esprit du sieur Renaudin, qui soumet au public une série de tableaux représentant des scènes de guerre civile.

L'autorité publique a été à même de remarquer à Paris, que cette exhibition est d'un bon effet sur l'esprit des ouvriers, et qu'elle éloigne ceux-ci des idées d'insurrection.

Du reste, on peut témoigner du caractère honorable de M. Renaudin à tous égards.

Paris, le 11 juin 1850.

Le Commissaire de police,
Signé : YVERT.

ÉTAT-MAJOR DE LA PLACE.

Lyon, 19 juillet 1850.

MONSIEUR RENAUDIN,

M. le général commandant supérieur me charge de vous remercier de l'obligeance que vous avez eue de lui offrir vingt places gratuites pour les soldats de la garnison, à l'effet de les faire jouir de l'intéressant spectacle que vous offrez au public.

Chargé des mesures à prendre à ce sujet, j'ai l'honneur de vous prévenir que, chaque jour, deux corps recevront chacun un billet de 10 places qui sera remis en entrant; ce billet sera revêtu du cachet de la Place.

Recevez, Monsieur, l'assurance de mes sentiments distingués.

Le Colonel commandant la Place,
Signé : GRIFFON.

DÉPARTEMENT DU RHONE.

MAIRIE DE LA VILLE DE LYON. — POLICE DE SURETÉ.

Lyon, le 3 octobre 1850.

Le Commissaire central de police de la ville et de l'arrondissement de Lyon soussigné, se fait un plaisir de certifier le bon effet qu'a produit à Lyon sur les personnes de toutes classes, qui l'ont visitée, l'exposition de tableaux de M. Renaudin, reproduisant les principaux faits historiques de la révolution de février et de l'insurrection de juin 1848.

Signé : HEMERY.

MAIRIE DE LA VILLE DE SAINT-ÉTIENNE (Loire). — BUREAU CENTRAL DE POLICE.

Saint-Etienne, le 24 octobre 1850.

Le commissaire de police central de la ville de Saint-Étienne (Loire), certifie que l'exposition des tableaux de M. Renaudin, reproduisant les principaux faits de la révolution de février et de l'insurrection de juin 1848, ont produit un bon effet sur l'esprit des personnes qui les ont visités, et notamment sur celui de toutes celles qui ne pouvaient croire aux tristes conséquences de ces journées malheureuses.

En foi de quoi le présent a été délivré.

Le Commissaire de police central,
Signé : CAPBERG.

VILLE DE NIMES (Gard).

Le commissaire central de la ville de Nîmes s'est rendu compte de la juste appréciation qu'a faite le public de cette ville de l'exposition des tableaux de M. Renaudin, laquelle reproduit avec une frappante ressemblance les tristes évènements de 1848.

Il rend hommage aussi à la conduite de M. Renaudin.

Nîmes, le 25 novembre 1850.

Signé : Durand.

MAIRIE D'AIX (Bouches-du-Rhône).

Le commissaire de police de la ville d'Aix, soussigné, se fait un plaisir de certifier le bon effet qu'a produit à Aix, chez les personnes de toutes classes qui l'ont visitée, l'exposition des tableaux de M. Renaudin reproduisant les principaux faits historiques de la révolution de février et de l'insurrection de juin 1848.

Fait à Aix, en son bureau de police, le 12 février 1851.

Signé : E. Nicolas.

MAIRIE DE MARSEILLE.

Marseille, le 18 novembre 1851.

Le commissaire de police, chef de la police municipale de la ville de Marseille,

Certifie que la galerie des tableaux historiques représentant les évènements de la révolution de 1848, exposés par M. Renaudin, propriétaire de ces tableaux, a produit un excellent effet sur l'esprit des personnes de toutes les classes qui les ont visités.

Il serait à désirer que l'on put exhiber de semblables productions dans tous les grands centres de population.

Signé Romieu.

MAIRIE DE MARSEILLE. — CABINET DU SECRÉTAIRE-
GÉNÉRAL.

Marseille, le 5 novembre 1853.

A M. Loubon, directeur du Musée de Marseille.

MON CHER LOUBON,

Les pièces que demande M. Renaudin (1) avaient été jointes à une lettre qui fut, je ne sais pourquoi, retenue par M. Champier, alors secrétaire particulier de M. le maire. Depuis, M. Renaudin n'a cessé de les réclamer; mais toutes les recherches pour les retrouver ont été infructueuses.

Agréez, etc.

Signé F. LEPEYTRE.

Toulon, 4 décembre 1851.

MONSIEUR RENAUDIN,

Je regrette infiniment que l'absence d'un Musée, et surtout l'état embarrassé des finances de la Ville ne me permettent pas de proposer au conseil l'acquisition de la collection des remarquables tableaux que vous avez exposée au rez-de-chaussée de la Mairie.

Il est impossible, Monsieur, que leur mérite ne vous en rende pas le placement très facile.

Veuillez agréer, Monsieur, l'assurance de ma considération distinguée.

Le Maire de la ville de Toulon,
Signé : REYNAUD.

---

(1) Le certificat de M. le Maire de Lyon et de M. le général de Castellane, et la lettre de M. le général Hecquet.

CABINET DU MAIRE DE TOULON (Var).

Le maire de la ville de Toulon, officier de la Légion-d'Honneur, certifie que la galerie des tableaux historiques des événements de 1848 et 1851, appartenant à M. Renaudin, ont produit un bon effet sur toutes les classes de la population qui les ont visités.

Il ajoute en outre que la conduite de M. Renaudin a été digne d'éloges pendant tout le temps de son séjour dans cette ville.

Toulon, le 22 février 1852.

Pour le Maire de Toulon,
Signé : Bezot, adjoint.

Vu et approuvé,

Signé : le général Levaillant.

Vu pour légalisation de la signature de M. Bezot, adjoint au maire de Toulon apposée ci-dessus.

Toulon, le 25 février 1852.

Le Sous-Préfet,
Signé : C. de Hily.

MAIRIE DE DIJON (Côte-d'Or).

Nous, maire de la ville de Dijon, certifions que la galerie de tableaux historiques des événements de février, mai, juin 1848 et décembre 1851, qui appartiennent à M. Renaudin, a été exposée dans *une salle de l'hôtel de ville mise par nous à sa disposition :* qu'elle a vivement impressionné les personnes de toutes les classes qui l'ont visitée, et a produit sur leur esprit un salutaire effet, et que M. Renaudin s'est montré par sa conduite, pendant son séjour à Dijon, tout à fait digne de la bienveillance du public et de celle de l'autorité.

Dijon, le 7 mars 1852.

Le Maire,
Signé : ANDRÉ.

Vu
Signé : le général GAGNON.

EXTRAITS
DES COMPTES-RENDUS
DE DIVERS JOURNAUX.

EXTRAIT de l'*Impartial de Boulogne-sur-Mer*
(Jeudi, 14 juin 1849.)

Nous sommes allé plusieurs fois déjà visiter l'intéressante collection des tableaux historiques, et toutes les fois nous sommes restés en admiration devant la fidélité des détails, le choix des épisodes et la vérité des situations qui forment les qualités distinctives de chacune de ces toiles. C'est là ce qu'on peut appeler une véritable galerie historique, une œuvre vraiment sérieuse.

Chaque événement de la Révolution de 1848 y est reproduit avec une connaissance tellement évidente des faits et des hommes qui y ont joué un rôle; l'illusion est tellement grande, qu'il semble qu'on assiste comme acteur aux péripéties qui se déroulent devant vous. Il est quelques uns de ces tableaux qui sont réellement faits de main de maître. Ceux entre autres peints par M. *Gabé*, notre concitoyen, sont d'une richesse de coloris très-remarquable. Ce qui ajoute encore à la valeur de cette collection, c'est que toutes les figures des personnages qui ont pris une part plus ou moins marquante aux évènements de 1848, y sont représentées avec une exactitude qui permet aussitôt de les désigner par leurs noms.

Extrait du *Journal le Dix-Décembre*, de Paris.

(Vendredi, 1er mars 1850.)

Les admirables tableaux épisodiques de la Révolution de 1848, attirent tout Paris. Chacun dans ces tableaux retrouve une scène à laquelle il a assisté. La vérité de ressemblance des portraits est frappante. Quelques tableaux fourniraient à eux seuls de quoi créer vingt galeries historiques. Nous nous sommes arrêtés bien vivement impressionnés devant le tableau de l'assassinat du général de Bréa, qui est d'une vérité effrayante.

Extrait du *Courrier de Lyon*.

(Jeudi, 11 juillet 1850.)

Une exposition d'un haut intérêt, et dont le succès rappellera sans aucun doute celui du *Boissy d'Anglas* de M. Court, va avoir lieu dans notre ville.

Cette exhibition se compose de vingt-six tableaux peints à l'huile, et représente par numéros les épisodes historiques les plus remarquables et les plus dramatiques de la révolution de février, des journées de mai et juin. Quarante artistes peintres ont travaillé à cette œuvre, et parmi eux des noms célèbres.

En attendant que nous puissions en juger par nous-mêmes, laissons parler nos confrères en journalisme.

Le journal la *Révolution* de Châlon-sur-Saône, du 29 juin s'exprime ainsi :

« Nous venons d'assister au spectacle le plus imposant qu'il soit donné à l'homme de voir — Nous étions dans le Musée historique composé de 26 tableaux, apportés par M. Renaudin. Ces tableaux nous ont rendus témoins de tous les faits principaux de la révolution de février, de la tentative de mai, et enfin des horreurs de juin..... Nous avions le droit d'être émus ; car l'émotion de tous les spectateurs nous a singulièrement impressionnés. Tout le corps d'officiers du 14e léger était là pour la cinquième ou sixième fois, et nous les avons entendus, eux qui assistaient naguère à ces tristes épisodes; nous les avons entendus rendre hommage au caractère tout de vérité de cette œuvre grandiose; nous les avons vus reconnaître leurs positions, leurs places de bataille, les maisons d'où le feu venait décimer leurs rangs, jusqu'aux moindres détails : rien, disaient-ils, rien ne manquait à la plus stricte vérité..... »

Extrait du *Courrier de Lyon*.
(Mercredi, 17 juillet 1850.)

Nous avons visité la galerie de tableaux....

Un rapide examen nous a confirmé dans l'opinion que, sur la foi de nos confrères, nous avions exprimée sur cette exhibition saisissante d'intérêt et de vérité. Beaucoup de ces pages sont des œuvres d'un haut mérite artistique : toutes sont d'une incontestable exactitude comme ressemblance des localités et des personnages reproduits sur la toile. Ce qui vaut mieux à notre avis, c'est que cette exposition pathétique et vraie de tant de scènes hideuses, navrantes et lamentables, est un enseignement plus puissant que tous les récits qui ont pu être publiés de ces catastrophes historiques.

Extrait de l'*Entr'acte Lyonnais*.
(Dimanche, 28 juillet 1850.)

MUSÉE HISTORIQUE.

Nous sommes allé plusieurs fois cette semaine visiter le Musée historique, et chaque fois nous sommes sorti satisfait; car chaque fois nous trouvions de nouvelles choses à admirer. Sous le rapport historique, on le sait déjà, rien ne peut être plus exact. Toutes les figures sont des portraits, et nous avons entendu des visiteurs nommer par leurs noms plusieurs individus qui figurent, ou sur les barricades ou dans l'invasion de la Chambre.

Extrait du *Salut public de Lyon.*

(Mardi, 13 août 1850.)

Chaque jour le Musée historique voit des visiteurs qui viennent corroborer de leurs éloges l'exactitude déjà si frappante de tous les faits qui y sont reproduits.

Il y a quelques jours, c'était un général en retraite, M. L..., ancien camarade de l'infortuné général de Bréa, et qui, à la vue de cet affreux épisode, n'a pu cacher son émotion.

Le lendemain c'était le père d'un des acteurs principaux de l'envahissement de l'Assemblée nationale, qui, reconnaissant son fils, fondait bientôt en larmes. Ce vieillard a vivement impressionné tous ceux qui se trouvaient dans le Musée.

Enfin cette semaine, M. le colonel du 2ᵉ dragons, qui a visité cette galerie, en a témoigné sa vive satisfaction au directeur. M. le colonel, qui a pris part à la répression de l'insurrection de juin, après s'être reconnu lui-même dans un des tableaux n° (16), n'a pu qu'applaudir à la scrupuleuse vérité qui, avant tout, fait le charme principal de ce Musée.

Extrait du *Courrier de Lyon.*

(Jeudi, 5 septembre 1850.)

Hier encore cette exposition a été honorée de la visite de M. le *comte de Rambuteau*, ancien préfet du département de la Seine, et de sa famille. Les éloges qu'il a prodigués au propriétaire de cette collection en disent plus, venant d'un homme aussi compétent, que tous les commentaires du monde. M. le comte de Rambuteau faisait lui-même l'explication des tableaux à sa famille, et cette circonstance n'a pas peu contribué à convaincre les personnes présentes, de la fidélité des peintures.

EXTRAIT DE LA *Gazette de Lyon*. — *Union Nationale*.

(Dimanche, 15 septembre 1850.)

M. *le général de Castellane* a fait hier une visite au Musée des tableaux historiques de 1848. M. le général a fait des observations dont les directeurs de ce musée sauront tenir compte, et ce qui doit être un précieux encouragement pour eux, il leur a témoigné son contentement à diverses reprises.

Cette visite de M. *de Castellane* a valu au Musée historique un concours de personnes de tous les rangs, qui toutes se sont montrées pleines de déférence et de respect pour M. le général.

EXTRAIT DU *Courrier de Lyon*.

(Mercredi, 18 septembre 1850.)

Le Musée historique a reçu ces jours derniers la visite de M. le *général de Castellane*, qui l'a examiné en connaisseur, et qui a adressé à son propriétaire de sincères félicitations sur cette collection de pages d'un si haut intérêt et d'une moralité si utile. Depuis lors, cinquante militaires de la garnison sont chaque jour autorisés à rendre visite à ce Musée.

Extrait du *Moniteur judiciaire de Lyon*.

(Jeudi, 19 septembre 1850.)

Une scène des plus touchantes a eu lieu hier mercredi au Musée historique. Un homme dont les décorations faisaient supposer un officier supérieur de l'armée, s'attachait particulièrement au tableau reproduisant la fin dramatique du brave général de Bréa; des pleurs inondaient ses yeux... Chacun autour de lui était très impressionné, lorsqu'une des personnes présentes dit en parlant du général : « C'est bien sa figure. » Le monsieur alors se retourna et dit, les yeux pleins de larmes : « *La voilà sa figure* (et il montrait la sienne), *le général de Bréa était mon oncle.* » Chacun alors comprenant la sainteté de cette douleur, ne put que la partager avec ce respectueux parent dont l'émotion était des plus grandes, et qui ne sortit de cette exposition que les yeux encore humectés de larmes.

Extrait de l'*Avenir républicain de Saint-Étienne* (Loire).

(Samedi, 12 octobre 1850.)

Les admirables tableaux épisodiques de la révolution de février et des insurrections de mai et de juin 1848, attirent la foule à l'hôtel-de-ville. — Nous devons l'arrivée de ces tableaux à M. *Soulary, directeur de notre école de dessin,* qui, les ayant admirés à Lyon, a engagé M. le maire de Saint-Étienne à les laisser exposer dans la grande salle de l'hôtel-de-ville. Cette exposition ne peut qu'influencer d'une manière favorable l'esprit des masses. Chaque tableau porte son enseignement. Nous nous sommes arrêté, bien vivement impressionné, devant les tableaux de l'assassinat du général de Bréa et devant celui qui représente la mort de l'archevêque de Paris. La scène du 24 février à la Chambre des députés et l'invasion de l'Assemblée nationale au 15 mai, attirent les regards de la foule. L'affreuse scène du boulevard des Capucines, dont personne ne veut accepter la coupable responsabilité, est d'une vérité effrayante.

Extrait du *Courrier du Gard à Nîmes*.
(Mardi, 12 novembre 1850.)

TABLEAUX HISTORIQUES DE LA RÉVOLUTION DE 1848.

Il nous est permis de parler aujourd'hui *de visu* d'une exhibition artistique que nous avons précédemment annoncée, et d'insister, en toute sûreté de conscience, sur des éloges qui n'avaient d'abord pour garants qu'un prospectus et quelques appréciations des feuilles lyonnaises.

Cette remarquable galerie se compose de vingt-six tableaux. Le spectateur y voit passer sous ses yeux, par ordre de date, les scènes tumultueuses et sanglantes de la révolution de février et de l'insurrection de juin. Ce sont de belles et instructives horreurs.

Tous les personnages connus pour avoir joué à divers titres un rôle dans ces journées calamiteuses, y sont mis en action, sous leurs propres traits saisis avec une étonnante vérité, si nous en jugeons, du moins, par le petit nombre de ceux qui nous sont connus. Il y en a des milliers, etc.....

Extrait de l'*Etoile du Midi*.
(Mercredi, 13 novembre 1850.)

Nous recommandons vivement à nos lecteurs l'exposition du Musée historique de 1848. Toutes les scènes les plus émouvantes de ces époques y sont reproduites avec la plus sévère exactitude et aussi avec infiniment de talent, par les artistes de grands noms, du reste, qui ont mis la main à cette œuvre toute palpitante d'intérêt et exempte de tout charlatanisme. C'est une collection tout à la fois d'art suprême et d'histoire vraie.

Extrait du *Courrier de Marseille.*

(Mardi, 3 décembre 1850.)

Nous avons visité la collection du Musée historique. Cette galerie, due au pinceau des maîtres distingués de Paris, nous a paru bien plus remarquable que nous ne l'avions présumé. Parmi toutes ces toiles, plusieurs sont d'un mérite supérieur, et toutes ont au moins celui d'une grande vérité, d'une scrupuleuse exactitude.

Dans la reproduction de toutes ces scènes désastreuses, dont si peu de temps nous sépare, et qui nous semblent néanmoins appartenir aux époques de barbarie, l'artiste s'est fait un devoir de ne pas peindre un seul personnage historique qui ne fût d'une ressemblance frappante. Les personnes qui ont eu le bonheur d'être éloignées de ces catastrophes, peuvent s'en faire une idée exacte en voyant la collection de M. Renaudin; celles qui y ont assisté ou qui y ont pris part, en constateront la douloureuse fidélité.....

Extrait du *Nouvelliste de Marseille.*

(Samedi, 7 décembre 1850.)

MUSÉE HISTORIQUE.

M. *Loubon, directeur du Musée de Marseille,* a visité hier le Musée historique, et après en avoir reconnu la beauté sous le rapport de la vérité historique et artistique, il en a témoigné toute sa satisfaction au directeur-propriétaire de cette riche et belle exposition, que toute la ville de Marseille voudra contempler. C'est, en effet, un vrai cours d'histoire que le public est appelé à faire, en parcourant toutes ces toiles, où les principales phases de nos tristes luttes civiles sont reproduites avec la plus grande fidélité.

Extrait de la *Gazette du Midi, Marseille.*

(Samedi, 7 décembre 1850.)

Déjà nous avons appelé l'attention publique sur le Musée Historique, dont l'exposition attire depuis le moment de son ouverture un concours toujours plus nombreux. On peut même observer que bien des visiteurs ne se bornent pas à une seule séance et reviennent plus d'une fois examiner cette œuvre remarquable, tant elle présente d'intérêt.

Rien, en effet, de saisissant comme cette reproduction fidèle de toutes les phases les plus dramatiques de notre histoire contemporaine. C'est une idée hautement morale qui a guidé le pinceau des artistes pour écrire cette histoire si déplorable et si instructive tout à la fois. Rien ne manque à cette curieuse galerie riche de peinture, riche de vérité, riche d'exactitude; les portraits, les faits, les lieux, jusqu'aux moindres détails, tout y est relaté avec une fidélité scrupuleuse. C'est, en un mot, la révolution vivante avec toutes les horreurs connues, avec les traits d'héroïsme et d'honneur qui s'en détachent heureusement pour le nom français.

Depuis le premier tableau jusqu'au dernier, on voit là un véritable cours d'histoire qui restera gravé éternellement dans la mémoire de tous ceux qui l'auront eu sous les yeux. Février, mai, juin, de douloureuse mémoire, ce dernier surtout, y sont représentés comme si le spectateur eût assisté à ces tristes épisodes. Et puis, comme ces portraits des malheureuses victimes touchent le cœur! Combien de personnes en voyant l'angélique figure de l'infortuné archevêque de Paris, monseigneur Affre, lorsqu'il prononce ces belles paroles : « *Le bon pasteur donne sa vie pour ses brebis* » ne se sont-elles pas senti les yeux tout baignés de larmes! Ajoutons que le portrait du digne prélat est, sans contredit, le plus beau qu'on ait conservé de cette sainte victime des fureurs révolutionnaires.

Plus loin, nous apparaissent encore de belles et nobles figures, le vénérable abbé Haumet, curé de Sainte-Marguerite, donnant lui aussi des consolations aux blessés et cherchant à éviter l'effusion du sang et à rappeler chacun à son devoir d'humanité. Puis encore l'excellent abbé Roux accompagnant les orphelins de ces tristes journées à l'Hôtel-de-Ville pour confier leur avenir à la bienfaisance nationale; et pour ne citer que les toiles les plus palpitantes d'intérêt, il est difficile de voir quelque chose de plus exact et de mieux fini que la salle du Trône (n° 5), où deux hommes du peuple, aux figures et à la pose prises sur le fait, se vautrent l'un sur le fauteuil royal, l'autre sur les degrés du trône. Est-il rien de plus frappant que le n° 19, cette chambre d'insurgés où un habile pinceau a su mêler tant d'horreur à la reproduction d'une réalité douloureuse? Que l'on s'arrête encore devant le n° 22, la mort du général de Bréa, si lâchement assassiné; devant le tableau qui représente la mort du général Négrier, devant tous ceux enfin où sont retracés avec tant de vérité les épisodes où plus d'un personnage s'est déjà reconnu partout où l'exposition a eu lieu, et déjà à Marseille même, on reconnaîtra qu'il était difficile de mieux exécuter une idée précieuse pour l'art autan qu'elle est intéressante au point de vue politique et moral.

Extrait du *Sémaphore, de Marseille.*
(Samedi, 14 décembre 1850.)

Depuis que le Musée Historique est ouvert au public, les visiteurs ne cessent pas de s'y rendre, et après avoir parcouru cette intéressante galerie, sortent extrêmement satisfaits.

C'est qu'il faut dire aussi que jamais programme n'avait mieux tenu ses promesses.

Les tableaux de M. Renaudin, outre leur scrupuleuse exactitude à reproduire les faits dramatiques de la Révolution de Février, ont un mérite artistique réel que l'on ne saurait contester.

Extrait du journal le *Peuple, de Marseille.*
(Samedi, 21 décembre 1850.)

MUSÉE HISTORIQUE.

Sans entrer dans le détail ou l'appréciation des mouvements révolutionnaires de février, mai et juin 1848, nous devons à la vérité de dire que ces tableaux remarquables, pleins d'exactitudes historiques, doivent appeler l'attention de nos lecteurs. L'histoire même dans ses phases les plus tristes est toujours de l'histoire : peinture ou typographie, elle se fait jour partout ! — Ce qui fait la richesse de cette remarquable galerie, c'est, on peut le dire hautement, la stricte vérité des ressemblances des personnages qui ont joué un rôle dans ces événements, celle aussi des lieux où les faits se sont passés ; enfin c'est, nous le répétons, de l'histoire... de l'histoire toujours, depuis le premier tableau jusqu'au dernier. Nos lecteurs apprécieront quand ils auront vu.

Extrait du *Nouvelliste de Marseille*.

(Vendredi, 27 décembre 1850.)

Hier, M. le général commandant la septième division militaire, a visité le Musée historique de 1848, et, après avoir scrupuleusement examiné chaque tableau, en a témoigné sa satisfaction à M. Renaudin, tant sur l'ensemble que sur les détails. M. le *général Hecquet* était plus à même que personne d'en juger, car il assistait à ces tristes épisodes (1).

Extrait de *la Provence d'Aix (feuilleton)*.

(Jeudi, 23 janvier 1851.)

Le *Musée historique* dont les journaux de Marseille ont parlé si avantageusement, nous a fait l'honneur de s'arrêter dans nos murs. Les peintures saisissantes de ces terribles luttes anarchiques, offrent, en dehors de leur caractère d'actualité, un attrait artistique que nous nous réservons d'apprécier moins brièvement; il nous suffira de rappeler, pour amener des visiteurs au Musée historique, *qu'une souscription a été spontanément ouverte à Marseille, pour aider le Musée de la ville à faire l'acquisition de ces toiles*, et que plusieurs officiers supérieurs, acteurs obligés de ces tristes scènes, ont adressé à son propriétaire de très flatteuses félicitations.

Un de nos plus intrépides *puffistes* a trouvé hier dans le local de cette exhibition, l'occasion d'une déconfiture de souvenirs assez curieuse :

« Voilà bien, disait-il, la position qu'occupait *ma* compagnie de garde nationale, je reconnais toutes ces figures, c'est d'une exactitude frappante ; je parie que mon individualité est indiquée par ce képi d'officier

(1) (Voir la *lettre de M. le général Hecquet*, pages 6 et 7.)

dont on ne voit pas la face. » Mais, ajouta un interlocuteur malin, il me semble vous avoir ouï raconter qu'il vous avait été impossible de traverser les barricades élevées à l'une des portes de Paris par laquelle vous vouliez entrer ; il paraît donc assez difficile que vous ayez pu vous trouver au cœur de la capitale au moment de l'action ?

« Ah ! c'est vrai, sans doute, mais j'aurais dû y être. »

Extrait du *Toulonnais*.
(Vendredi, 23 janvier 1852.)

Le succès obtenu par le directeur, M. Renaudin, dans chaque ville qu'il a parcourue, est incontestable.

En effet, qui donc ne se sentirait le cœur serré à la vue de ces nombreux tableaux représentant fidèlement un à un tous les événements de la révolution des 23, 24 février, 15 mai et juin 1848.

Rien n'est oublié : d'un côté, l'intrépidité de nos soldats, de l'autre, l'opiniâtreté des insurgés. Et vous, Monseigneur Affre, *archevêque de Paris,* vous dont le dévouement sublime voulait à tout prix arrêter cette lutte fratricide, vous qui n'avez pas craint, l'olivier en main, de monter sur une barricade, eh quoi ! une balle homicide a mis fin à votre glorieuse existence. Ah ! n'en doutons pas, c'est que vos vertus vous appelaient au ciel.

Quiconque visite ce beau Musée ne peut contenir son émotion à la vue de ces lugubres faits historiques représentés avec tant de vérité.

Extrait de l'*Ordre de Dijon*.
(Samedi, 3 avril 1852.)

Nous avons publié dans notre dernier numéro un extrait du prospectus par lequel M. Renaudin, propriétaire de ce Musée, avait annoncé son arrivée à Dijon. Depuis, nous avons eu occasion de visiter en détail cette galerie. Franchement, nous ne comptions pas sur ce que nous avons vu. Le Musée historique renferme plusieurs tableaux qui méritent d'attirer le regard de l'amateur. Dans un autre sens, et comme histoire, ces tableaux sont du plus haut intérêt; ils retracent aux yeux du spectateur, sous leurs couleurs vraies, les épisodes les plus significatifs des événements qui ont signalé la révolution de 1848. Rien de plus instructif sous ce rapport qu'une visite au Musée de M. Renaudin.

Extraits des journaux anglais.

EXTRAIT DU *John Bull.*

(London, july 14 1849.)

A series of twenty-six pictures, representing a few of the most striking incidents of the French Revolution of February, and its sequel, the Parisian Insurrection of June 1848, is also exhibited at the Cosmorama Rooms; and will attract those who like to look on safely at scenes of civil war, mob frenzy, carnage, and anarchy. The paintings are by French artists, mostly by M. *Gabé, Compte-Calix,* etc,, and, though hastily executed, depict with spirit, cleverness, and true French sentiment, the horrors of which Paris was the theatre. The character of the actors, and the localities of the scenes of riot and bloodshed, are doubtless faithfully enough represented; and the moral pointed is so salutary, that it is worth undergoing the pain of beholding this exhibition of the Saturnalia of French Democracy. We need not dwel upon the details of the pictures or enumerate their subjects.

Extrait de l'*Illustration anglaise*.

(London, july, 1849.)

A series of six and twenty pictures illustrative of the insurrections of February and June, by Messrs. *Gabé, Ferran, Lebailif, Bideau,* and *Compte-Calix,* may now be seen at the Cosmorama, Regent-street. The artists have done their best to depict the horrors of civil and revolutionary warfare, and have indeed presented some scenes of thrilling interest. The value of these sketches is enhanced by the fact of their containing portraits of the principal actors in the transactions to which they relate. Much is made of the episode of the Archbishop of Paris-his proffered mediation-his wounding at the barricades-his giving his cross to the young Garde Mobile — his receiving the sacraments, and his death. The pictorial series, in great part, has an evident Conservative tendency; but, upon the whole, justice is fairly done to the insurgents as well at to the constituted powers opposed to them. Without pretensions as works of art, these sketches cannot fail to be instructive, as realising the important events by which last year was made memorable in the history of the world.

Extrait de *The French and British Advertiser.*

(Boulogne, 19 th september 1849)

Pictures of the Revolution of February and Insurrection of June. — We have much pleasure in directing public attention to this splendid and unique collection of paintings by the first living masters. It will be recollected that we gave an extract in a previous number, showing the unprecedented success which attended this exhibition in England, where it was most favourably received. In the words of the London journal the *John Bull*, from which we then quoted. the designs" have a direct conservative tendency, " and show, if any proof were necessary, the horrors attending civil war. even when justifiable, much more so, when the record is drawn to promote anarchy and confusion. The names of the artists are given underneath each *precis* of the drawings, and the various leaders and actors in the shifting scene, from Louis-Philippe to Louis Blanc, are painted with a fidelity which combines the accuracy of the daguerreotype with all the bold gemping and vivid colouring of the historic brush and pencil. We understand that the proprietor, who is indefatigable in his efforts to explain and elucidate the events depicted, intends to prolong his stay in Boulogne, at the Hotel de l'Univers, and in the mean time we cordially invite those who have not been hitherto to see to avail themselves of the opportunity to attest the truth of our remarks.

3565   Imp. et Lith. Maulde et Renou, rue de Rivoli, 114.

AVIS ESSENTIEL.

Tout croquis ou toute reproduction complète ou partielle des tableaux composant le Musée historique, sont formellement interdits.

www.ingramcontent.com/pod-product-compliance
Lightning Source LLC
LaVergne TN
LVHW021706080426
835510LV00011B/1614